La Justice en France sous la Monarchie absolue

Fustel de Coulanges

La Justice en France sous la monarchie absolue

Editions le Mono

I. — Comment la transformation de la justice au moyen âge fit incliner la société vers le régime monarchique.

Nous avons dit dans une précédente étude[1] les causes toutes naturelles qui avaient amené la transformation du système judiciaire de la France au XIIIe et au XIVe siècle. Le jugement par jurys, ou, comme on disait alors, le jugement par pairs[2], avait été abandonné par la population elle-même parce qu'il exigeait d'elle trop de travail. Les cours féodales, les assises, les plaids d'échevinage et les plaids colongers, les jurys de gentilshommes, comme les jurys de bourgeois ou de paysans, tous avaient à peu

---

[1] Se référer au livre *Étude historique de l'organisation de la justice – dans l'antiquité et les temps modernes* ; éditions Le Mono, 2016.

[2] Le mot *pairs*, dans la langue du temps, signifiait *égaux*. Deux hommes étaient dits *pairs de fief* entre eux lorsqu'ils étaient vassaux du même seigneur, et qu'ils se trouvaient ainsi au même rang de la hiérarchie féodale.

près disparu. En même temps, et par ce seul motif que la majorité de la population s'était dérobée au service rigoureux des tribunaux, il s'était formé une classe d'hommes spécialement vouée au soin de rendre la justice. Les fonctions judiciaires avaient cessé d'être le travail de tous pour devenir la profession de quelques-uns. Les légistes ou maîtres ès-lois finirent par remplir tous les tribunaux. C'est de là que sont venus les plus grands progrès de la monarchie ; cela mérite d'être expliqué. Dire, comme on le fait ordinairement, que ces légistes étaient, par leur origine même, les ennemis de la féodalité, et qu'ils calculèrent que le meilleur moyen de l'abattre était d'élever le pouvoir royal, est une explication fort inexacte. Si ces hommes opérèrent une révolution dans le régime politique de leur époque, ce fut sans le vouloir, sans en avoir le parti-pris, peut-être sans le savoir, et assurément sans avoir aucun goût pour les révolutions ; mais par cela seul que la justice commença d'être rendue autrement que par le passé, toutes les institutions sociales et politiques commencèrent aussi à se transformer, et la société entra peu à peu dans un nouveau courant.

Il faut voir d'abord combien ce seul changement dans la composition des tribunaux modifia les habitudes et le caractère des hommes. Auparavant ils s'étaient jugés les uns les autres ; désormais ils s'accoutumèrent à être jugés par une catégorie d'hommes qui n'étaient plus tirés du sein de la population, mais qui étaient choisis par les rois ou par les seigneurs, et qui étaient des fonctionnaires. Nous pouvons bien penser que les arrêts de ces légistes étaient ordinairement plus équitables et plus conformes à la raison que ceux que la population noble ou bourgeoise aurait prononcés ; mais ces arrêts se présentaient en outre avec une autorité et un caractère impérieux que les anciennes sentences des jurés n'avaient pu avoir. Comparez une cour féodale du XIIe siècle et un tribunal du XIVe. Dans la première, le plaideur ou l'accusé avait devant lui ses égaux, ses semblables, ceux qui partageaient sa condition sociale, ses intérêts, ses sentiments, ses passions même, ceux qu'il pouvait avoir vus ou qu'il verrait peut-être un jour dans la situation où il se trouvait actuellement, ceux qu'il avait lui-même jugés ou qu'il jugerait peut-être à son tour. C'était devant de tels hommes qu'il exposait sa cause et défendait son droit ; il parlait leur égal. Condamné par eux, il les prenait à partie ; il les accusait de l'avoir « faussement jugé, » il les « appelait à bataille, » et luttait contre eux à armes égales. Il n'en est plus ainsi quand les légistes et les magistrats ont remplacé les pairs.

Le plaideur n'est plus devant des égaux ; le voilà devant des supérieurs et des maîtres qui l'interrogent, qui scrutent ses actes, qui sondent sa conscience. Comme son attitude est plus humble ! Il est déjà troublé par l'appareil de cette cour ; il est troublé plus encore par toutes les questions qu'on lui pose, car ces hommes qui passent leur vie à juger ont des finesses et une sagacité subtile que les pairs d'autrefois ne pouvaient pas avoir. Ils parlent d'ailleurs une autre langue que lui ; ils citent des textes qui lui sont inconnus et qu'il ne peut discuter. S'ils le condamnent, il ne pourra plus les appeler en champ-clos, car ils ne sont plus des hommes comme lui. Ces juges lui imposent ; qu'il soit bourgeois ou gentilhomme, il est tenu de vénérer ces « chevaliers ès-lois » qu'il appelle des noms de docteur et de maître. Ainsi la justice change d'aspect et de physionomie : au lieu de se mettre au niveau de chaque justiciable, si humble qu'il soit, elle se place au-dessus des plus élevés ; au lieu de laisser à l'homme, tout accusé qu'il est, sa liberté inviolable et toute sa fierté native, elle courbe sa volonté et commence par briser son orgueil. C'est à partir de ce moment que la procédure se transforme : l'accusé comparaît presque comme coupable, l'usage de la détention préventive s'établit ; la torture ou question, que les lois du moyen âge avaient supprimée ou fort adoucie, reparaît avec une extrême rigueur ; la pénalité devient aussi plus sévère. La justice cherche partout des coupables, elle frappe sans pitié, elle est une puissance devant qui chacun doit trembler.

Or la vie des hommes au moyen âge était remplie de procès. Les relations, étant beaucoup plus complexes qu'aujourd'hui, donnaient lieu à des conflits toujours renaissants, et il n'était pas d'homme qui n'eût souvent à comparaître devant la justice. Après l'église, c'était la justice qui prenait la plus grande part du temps et des soucis de chacun ; c'était donc la justice qui agissait après l'église le plus fortement sur l'homme pour lui donner son tour d'esprit et façonner son caractère. Les jugements par pairs avaient dû entretenir dans les âmes la fierté et l'indiscipline ; Injustice des légistes et des magistrats accoutuma peu à peu les hommes à plier ; à se résigner, à obéir. Ce fut une révolution qui insensiblement s'opéra dans les âmes.

Toutes les habitudes de la vie sociale furent transformées du même coup. Les hommes n'eurent plus à passer leurs journées aux plaids et aux assises, ils s'occupèrent davantage de leurs champs et de leurs métiers, de leur fortune ou de leurs plaisirs ; mais par cela même ils se déshabituèrent de travailler aux affaires communes et de donner une partie de leur temps et de leurs soins aux intérêts généraux. La vie publique avait été fort active dans les siècles précédents. C'était un temps où il était de règle que toutes les affaires communes fussent traitées en commun : le seigneur suzerain ne faisait rien qu'avec le conseil de ses vassaux ; les bourgeois avaient leurs assemblées régulières et libres, où ils faisaient leurs lois et choisissaient leurs chefs ; les paysans même, dans chaque village, se réunissaient pour délibérer sur leurs taxes locales, sur la jouissance de leurs communaux, sur l'entretien de leurs chemins ; les corporations industrielles avaient aussi leurs assemblées, où elles s'occupaient de leurs intérêts et de leurs devoirs professionnels. Chaque classe d'hommes et chaque groupe s'administrait et faisait ses affaires ; c'était un principe admis sans contestation que toute question qui touchait à l'intérêt de plusieurs fût discutée par tous les intéressés. De là cette série d'assemblées, non pas assemblées nationales (celles-ci ne pouvaient pas exister régulièrement à une époque où les intérêts nationaux n'occupaient pas les esprits), mais assemblées provinciales, assemblées municipales, assemblées de gentilshommes, qui étaient répandues par milliers sur toute la surface du pays. Nous avons fait l'énumération des différents tribunaux, plaids, cours, qu'il y avait alors ; il faut songer que chacun de ces tribunaux, chacune de ces cours était en même temps une assemblée délibérante, une sorte de conseil d'administration. Les mêmes hommes qui s'y réunissaient pour juger y discutaient aussi tous leurs intérêts communs ; à la suite d'une décision sur un procès venait une décision sur une taxe à percevoir, sur une route à tracer, sur une coutume à modifier. On ne distinguait pas alors aussi nettement qu'on le fait aujourd'hui ce qui est justice de ce qui est administration ou gouvernement ; comme les hommes se jugeaient eux-mêmes, ils s'administraient aussi eux-mêmes. Le *self-government*, que les Anglais ont conservé avec leurs libres jurys, est un reste de vieilles habitudes qui avaient été en vigueur sur le continent aussi bien qu'en Angleterre. Lorsque les jurys disparurent en France, les mille petites assemblées administratives, qui n'étaient autres que ces jurys, disparurent naturellement. En perdant l'habitude et le droit de se juger, la population perdit l'habitude et le droit de s'administrer. Quand les cours féodales eurent désappris à se réunir régulièrement pour vider les procès, il se trouva qu'elles avaient désappris aussi à délibérer sur les intérêts généraux de la classe noble. Les assemblées de bourgeois perdirent aussi la plus grande partie de leurs attributions premières, et finirent par n'être plus qu'une vaine image et une inutile formalité. Les assemblées des paysans de chaque village disparurent en même temps que leurs plaids ; on ne les vit plus se réunir que de loin en loin, quand les rois pensèrent à les convoquer pour nommer des députés et rédiger des cahiers de doléances. Partout la pratique de l'administration se perdit en même temps que celle de la justice. Dès que les hommes furent jugés par des magistrats, ils s'accoutumèrent insensiblement à laisser régler leurs affaires par l'autorité supérieure, et à lui confier la gestion de tous leurs intérêts collectifs. Ils renoncèrent ainsi à toute cette vie publique qui, au prix de beaucoup de travail et en dépit de beaucoup de désordres, leur avait assuré du moins une grande somme de liberté ; le *self-government* disparut alors de la société française. Ne plus se juger soi-même conduisit les hommes à ne plus ni vouloir ni savoir se gouverner soi-même ; ainsi les esprits et les mœurs se préparèrent à recevoir la monarchie. Le soin d'administrer, comme celui de juger, passa des populations à l'autorité publique : les hommes cessant de s'occuper des affaires communes, il incomba nécessairement aux rois de tout diriger, de tout régler, de tout dominer.

La transformation judiciaire que les légistes avaient opérée eut encore une autre conséquence que probablement ils n'avaient pas prévue. Nous avons dit que ces légistes siégeaient aussi bien dans les cours seigneuriales que dans les tribunaux royaux ; les ducs et les comtes avaient leurs légistes, comme le roi. Il semblait donc que la substitution de ces juges aux anciens jurés devait favoriser indifféremment l'autorité des seigneurs féodaux et celle des rois ; il en fut autrement. L'entrée des légistes dans toutes les cours eut en très peu de temps ce résultat inattendu de faire déchoir partout la justice seigneuriale, et de porter tout le pouvoir judiciaire dans les mains des rois. Ce grand changement s'opéra surtout par l'introduction de l'usage de l'appel. Au temps où le jugement par pairs avait été en vigueur, l'appel avait été inconnu ; comment aurait-on compris à cette époque qu'on pût appeler d'un tribunal à un autre ? Il fallait que chacun fût jugé par ses pairs ; or il n'existait pour chaque homme qu'un seul tribunal où il trouvât ses pairs devant lui, c'était la cour de son seigneur direct, composée de ses pairs de fief. Condamné par cette cour, il ne pouvait pas penser à en appeler au roi, car dans la cour du roi il n'eût pas trouvé ses égaux. Il est bien vrai qu'il y avait à cette règle quelques réserves et quelques exceptions ;

mais le principe était constant. On ne pouvait concevoir qu'il y eût une hiérarchie entre les différentes cours, ni que l'une pût annuler la sentence portée par l'autre. Le jugement par pairs excluait l'appel ; mais lorsque la composition des tribunaux fut modifiée, que les légistes remplacèrent les jurés, l'appel devint possible. Ces légistes en effet n'étaient plus nécessairement des hommes de la classe de chaque plaideur ou de chaque accusé ; choisis par le roi ou par les seigneurs, ils étaient des « officiers, » des fonctionnaires ; ils représentaient, l'un un baron, l'autre un duc, l'autre le roi. A titre d'officiers, ils étaient subordonnés les uns aux autres comme leurs maîtres l'étaient entre eux. L'esprit de hiérarchie, que le principe du jugement par les pairs avait fait disparaître, reprit le dessus dès que les légistes prévalurent ; on comprit alors l'appel d'un tribunal à un autre. Or, dès que l'appel fut mis en pratique, les cours seigneuriales ne furent plus que des tribunaux de première instance dont les arrêts pouvaient être annulés par les tribunaux du roi. Les légistes, qui remplissaient presque toutes ces cours, étaient, sans le vouloir et par le seul effet de leurs habitudes d'esprit, de connivence avec les légistes royaux pour faire monter les procès d'échelon en échelon vers la cour du roi. Ajoutez que les tribunaux royaux étaient ordinairement les mieux composés, les plus vigilants, les plus impartiaux, qu'en tout cas ils passaient pour l'être, et que l'ambition de tout plaideur était d'être jugé par ceux qui jugeaient au nom du roi. Il arriva ainsi peu à peu que la justice passa tout entière dans les mains des officiers royaux ; les seigneurs n'en retinrent plus que l'ombre, la royauté devint le grand et presque l'unique pouvoir judiciaire.

Dès que la justice appartint aux rois, les rois furent tout-puissants. Leur pouvoir ne doit pas se mesurer au nombre de leurs provinces ou à l'étendue de leur domaine ; elle date du jour où ils eurent la justice dans les mains. Regardez cette royauté : elle est matériellement faible, elle n'a ni finances ni armée, son action politique est presque nulle ; mais déjà son action judiciaire est immense. Elle ne gouverne pas encore, mais déjà elle juge. Elle n'a pas de soldats, mais elle envoie partout ses légistes. Ses fonctionnaires, qu'on nomme baillis et prévôts, sont bien moins des administrateurs que des magistrats ; la justice est leur premier souci et leur occupation quotidienne. Il semble qu'en ce temps-là l'autorité des rois consiste presque tout entière dans l'exercice de la justice ; guerre, politique, finances, administration, tout cela est relégué au second plan. C'est par la justice qu'ils règnent ; c'est par elle qu'ils se font craindre et aimer, c'est par elle surtout qu'ils prennent racine dans le cœur de la nation, et qu'ils fondent leur dynastie. Le roi qui fit le plus pour la grandeur de la royauté est certainement saint Louis ; or saint Louis, aux yeux de ses contemporains, était avant tout le grand justicier. Dans la légende populaire, saint Louis est l'homme qui, assis au pied d'un chêne, juge les procès. Dans les siècles antérieurs, l'opinion publique n'eût pas admis facilement qu'un roi jugeât en personne sans être assisté d'un jury ; elle acceptait cette grande innovation au temps de saint Louis. Elle ne demandait en effet qu'une seule chose aux souverains, c'était précisément de juger. Le sire de Joinville raconte qu'un cordelier, un de ces moines qui sortaient du peuple et qui dans leur libre langage exprimaient fidèlement la pensée populaire, interpella un jour le bon roi et lui dit qu'il avait lu « dans la Bible » que jamais royaume ne se perdait que « *par faute de droit.* » « *Or se prenne garde le roy, ajoutait-il, que il fasse bon droit et hastif à son peuple, par quoy notre Seigneur li soufre tenir son royaume en paix tout le cours de sa vie.* » Ainsi dans l'opinion des hommes de ce temps tous les devoirs et tous les droits de la royauté, toutes ses prérogatives et tous ses bienfaits, se résumaient en une seule chose : juger. Cette société avait soif de justice ; être « bon et roide justicier » était le meilleur moyen de se rendre populaire. Lors donc que les rois se furent emparés du soin de juger, soit en personne, soit par l'intermédiaire de leurs légistes, ils prirent sans peine la direction et le gouvernement de la société ; la puissance politique alla naturellement du côté où était la puissance judiciaire. Comme les seigneurs féodaux perdaient leur juridiction ou n'en gardaient que l'apparence, ils perdirent aussi leur pouvoir, et n'exercèrent plus aucune action sur leurs sujets et leurs vassaux. Les corps municipaux n'avaient eu tant de force au XIIe siècle que parce qu'ils étaient en même temps des tribunaux ; du jour où ils perdirent leur justice, ils perdirent aussi toute leur force. L'église conserva longtemps sa juridiction indépendante, aussi continua-t-elle à tenir en échec la royauté ; mais, lorsque Philippe le Bel réussit à diminuer la compétence des tribunaux ecclésiastiques, on vit la puissance de l'église décroître dans la même proportion.

Nous avons aujourd'hui quelque peine à comprendre ce rôle prépondérant de la justice dans l'ancien régime. C'est que les générations modernes sont portées à mettre l'œuvre judiciaire au second rang dans les affaires humaines ; nous donnons plus d'attention à la politique et à l'administration qu'à la justice. Les anciennes générations dont nous parlons ici se plaçaient à un point de vue différent du nôtre. Pour peu qu'on pénètre dans la vie et dans les pensées de ce temps-là, on est frappé de voir combien les hommes étaient indifférents aux choses de l'ordre politique, et combien ils étaient uniquement préoccupés de ce qui concernait la justice. Ils laissèrent disparaître les vieilles libertés provinciales et municipales sans faire de grands efforts pour les conserver ; ils manifestèrent à l'égard de l'institution des états-généraux une insouciance et souvent même une répulsion qui confondent toutes nos idées modernes, ils ne furent soucieux que d'être bien jugés. Comme les rois, de leur côté, mirent tous leurs soins à organiser partout la justice, les rois et l'opinion publique se trouvèrent dans un parfait accord, et le régime monarchique put, sans protestation sérieuse de la part des populations, remplacer le régime féodal.

Il se produisit en même temps dans les esprits une idée nouvelle à l'égard de la royauté. Il serait trop long d'indiquer ici de quelle façon les hommes des siècles précédents avaient considéré la royauté féodale ; ce que nous pouvons dire, c'est qu'à partir du XIIIe siècle les esprits comprirent la royauté autrement qu'ils ne l'avaient comprise jusqu'alors. Or ce sont les légistes qui ont le plus travaillé à ce changement d'opinion. Ce n'est pas qu'ils fussent de parti-pris les adversaires des idées établies et des opinions qui étaient reçues avant eux ; mais leurs habitudes, leurs travaux, leurs études de prédilection, donnèrent à leur esprit un tour nouveau, et l'inclinèrent à certaines idées monarchiques que les siècles précédents n'avaient pas eues. Voilà encore un fait qui peut nous surprendre et qui s'éloigne fort de ce que nous voyons autour de nous : de nos jours, ce sont en général les légistes, du moins ceux qui invoquent les lois, sinon ceux qui les appliquent, qui ont le moins le culte de la monarchie, — nous n'avons pas à rechercher par l'effet de quelles habitudes d'esprit les avocats, depuis environ cent vingt ans, forment volontiers la partie, la plus antiroyaliste de la société française. Ce fut le contraire au moyen âge. Du XIIIe au XVIIe siècle, les avocats comme les magistrats, et en général tous ceux qu'on appelait légistes, se firent les défenseurs ardents du principe d'autorité ; on peut dire qu'ils travaillèrent alors à la grandeur des rois avec le même zèle et la même passion que quelques-uns d'entre eux mettent aujourd'hui à les combattre. C'est que ces hommes qui passaient leur vie à lire les lois romaines, et qui ne lisaient guère d'autres livres, y trouvaient à chaque page l'image d'une monarchie toute-puissante. Vue à travers ces lois, loin de la réalité et de la pratique, cette monarchie leur apparaissait comme toujours juste, toujours impartiale, toujours vigilante et tutélaire ; elle leur sembla donc le modèle et le type le plus achevé des institutions humaines. Ils la considérèrent comme la source unique du droit, et par conséquent comme l'unique garant de la sécurité de la vie sociale. Ces légistes, par cela seul qu'ils étaient imbus du droit romain, se prirent à détester le régime à la fois hiérarchique et libéral du moyen âge, et ils appelèrent de leurs vœux la naissance d'un régime nouveau où il y eût moins d'inégalité entre les sujets et plus d'obéissance au souverain : d'eux nous est venu ce courant d'aspirations égalitaires et royalistes à la fois qui circule à travers toute notre histoire. Ils traduisirent les formules monarchiques qu'ils trouvaient dans les lois des empereurs romains. L'un d'eux écrivait : « Le roy est empereur dans son royaume, » et il concluait de là que le roi devait avoir une autorité sans bornes. « Or sachez, ajoutait-il, que le roy peut faire ordonnances et constitutions. » Dire que le roi avait le droit de faire des lois par sa seule volonté, c'était s'écarter étrangement des principes des siècles antérieurs, mais c'était se conformer aux principes de la Rome impériale. Le jurisconsulte trouvait dans les livres romains : *quidquid principi placuit legis habet vigorem*, et il écrivait à son tour : « Ce qui plaît au prince vaut loi, » sans voir combien il s'éloignait en cela du droit public du moyen âge. Comme ces légistes trouvaient dans les lois romaines que la personne du prince était sacrée et divine, ils transportèrent cette opinion dans leurs écrits ; l'un d'eux définissait ainsi le sacrilège : « crime de sacrilège est de croire contre la sainte foi de Jésus-Christ et de faire ou dire contre le roi. » Dans la société féodale, le roi n'avait été que le premier parmi les seigneurs ; cela est si vrai qu'il pouvait, tout en étant roi, se trouver vassal et être astreint à prêter hommage. Les légistes firent du roi un être d'une nature supérieure et presque surhumaine ; ils conçurent la suprématie royale comme un dogme et une sorte de religion. Or ce dogme ne resta pas dans leurs esprits ou dans leurs livres à l'état de théorie pure ; ils l'établirent en pleine pratique sur le terrain des affaires et de la jurisprudence ; ils le proclamèrent dans les plaidoiries des avocats, ils l'écrivirent dans les arrêts des juges, toute la justice en fut remplie. Ce ne fut pas seulement un principe abstrait, ce fut une vérité quotidiennement appliquée qui se mêla à toute l'existence et qui s'installa au cœur de tous les intérêts. Faut-il s'étonner après cela que la monarchie ait grandi sans mesure ? L'ambition et la force n'ont pas fait tout cet ouvrage, car cette royauté fut longtemps pauvre et sans soldats. L'habileté n'y a pas eu non plus la plus grande part, car tous ces rois n'ont pas été habiles, et cependant la puissance royale, même sous les plus incapables, même sous Charles VI, a toujours grandi. Ce progrès continu et irrésistible tient à des causes plus générales, et parmi elles il faut sans doute mettre au premier rang les efforts de la puissante classe des légistes et l'action incessante de la justice.

II. — Comment la magistrature devint un corps indépendant.

Cette magistrature que nous avons vue se former obscurément au XIIIe siècle fut d'abord ce qu'on peut imaginer de plus dépendant et de plus subordonné. Représentons-nous le moment où, dans les tribunaux royaux, les barons et les évêques furent remplacés par « les maîtres ès-lois. » Il semble que ces tribunaux aient dû perdre alors beaucoup de leur ancienne liberté vis-à-vis du souverain : à des vassaux puissants et fiers succédaient d'humbles légistes dont tout le mérite était d'avoir pâli sur des livres. Ils ne siégeaient pas dans la cour du roi par droit de naissance comme les barons, ou en vertu de leur dignité comme les évêques ; ils n'y siégeaient que parce qu'ils y avaient été appelés et choisis par le roi. Aussi n'étaient-ils que ses agents, ses « officiers, » ses fondés de pouvoir ;

on les appelait « les gens tenant pour le roi sa cour de parlement. » Leur premier devoir était, comme le disait la formule de leur serment, « de garder et maintenir les droits du roi. » Ils recevaient des « gages, » chose toute nouvelle, et leurs « cinq sols par journée » étaient le prix dont le roi payait leur travail et leur bonne volonté. Ils n'avaient pas d'ailleurs, dans ces premiers temps, une situation bien assurée ; le roi ne les nommait que pour une session ou tout au plus pour une année. Ils étaient donc toujours à la discrétion du prince ; leur fortune et leur existence étaient dans sa main. L'autorité judiciaire que ce parlement exerçait n'était pas à lui ; il ne l'avait qu'en dépôt, — encore le roi ne la lui confiait-il qu'avec de singulières précautions et pour un temps fort court. Aucune session ne s'ouvrait qu'en vertu d'une ordonnance spéciale ; le parlement semblait mourir chaque année et ne renaître que par la volonté expresse du prince. « Le parlement, disait plus tard Henri III, n'aurait pas puissance de juger, s'il ne nous plaisait envoyer nos lettres patentes chacun an. » Ces magistrats n'étaient rien par eux-mêmes ; ils n'étaient que les organes et comme la bouche du souverain. Lui absent, ils délibéraient en son nom ; présent, ils l'éclairaient ; mais leur opinion n'avait aucune valeur vis-à-vis de la sienne. Regardons le cérémonial de ce qu'on appelait les lits de justice, c'est-à-dire de toute séance à laquelle le roi assistait. Lorsqu'il avait pris place, le chancelier commençait par lui demander ses ordres ; si le roi voulait qu'une affaire fût mise en délibération, le chancelier recueillait les suffrages, mais « ce n'était pas, nous dit un vieux publiciste, pour juger au nombre des voix, ainsi seulement pour faire savoir au roi leur avis, s'il lui plaisait le suivre ou le rejeter. » Le roi décidait donc seul sans avoir à compter les votes, et la formule de la sentence que prononçait le chancelier commençait par ces mots : le roi dit. On a dans les vieux registres du parlement des exemples d'arrêts qui ont été rendus par le roi en opposition avec la majorité de la cour ; on trouve aussi des arrêts qui, après avoir été prononcés par le parlement, ont été cassés par le roi : cette magistrature n'avait donc aucun pouvoir qui lui appartînt en propre. Son langage pouvait être fier vis-à-vis des plaideurs ; il était humble vis-à-vis du roi. Lorsque le parlement lui écrivait, il commençait sa lettre par cette formule : « notre souverain seigneur, tant et si humblement que pouvons, à vos bonnes grâces nous recommandons ; » lorsqu'il se présentait devant le roi, présidents et conseillers se mettaient à genoux, et gardaient cette posture jusqu'à ce que le roi leur eût permis de se lever.

Mais dans l'ancien régime les apparences de la sujétion étaient toujours plus fortes que la sujétion même. Contrairement à ce qui se passe aujourd'hui, la règle était toujours l'obéissance, la pratique était souvent la liberté. On ne voit pas que cette magistrature du moyen âge ait jamais protesté contre l'état de dépendance où elle était placée ; on ne voit pas non plus que cette extrême dépendance lui ait enlevé ni la liberté de ses jugements ni l'estime du public. Les vieux registres du parlement mentionnent des procès dans lesquels le roi était partie, chose fréquente dans l'ancien régime : les juges royaux appelés à prononcer entre le roi et un seigneur donnent souvent gain de cause à celui-ci, et, lorsqu'ils jugent en faveur du roi, nous ne reconnaissons à aucun signe qu'ils fassent œuvre d'injustice ou de servilité ; nous ne voyons ni que les rois cherchent à leur imposer leur volonté, ni que les plaideurs soient en défiance contre leurs arrêts. Des hommes qui sont en désaccord d'intérêt avec le roi sont souvent les premiers à demander que l'affaire soit examinée par les juges royaux ; il ne paraît pas que ni le public ni les juges se soient plaints à cette époque du manque d'indépendance de la magistrature. C'est qu'elle avait au moins cette indépendance morale qui s'attache au caractère et à la profession, et que les mœurs assurent quand les lois ne pensent pas à l'accorder. Ces hommes possédaient une grande force, la science ; ils avaient précisément celle qui passait alors pour la plus utile et la plus précieuse de toutes les sciences, la science des lois. La société avait pour eux un grand respect ; on les regardait comme chevaliers, on les mettait sur le même pied que les gentilshommes, on les appelait « les seigneurs de la cour du parlement. » Les rois ne pouvaient pas traiter avec hauteur des hommes que le public vénérait. Que le corps du parlement s'agenouillât devant eux, c'était une forme d'étiquette qui n'avait pas en ce temps-là la signification qu'elle aurait aujourd'hui ; de fort grands seigneurs s'agenouillaient pour prêter hommage ou pour être armés chevaliers. Croyons bien que, lorsque les rois voyaient la magistrature plier le genou devant eux, l'idée de la mépriser n'entrait pas pour cela dans leur esprit. Quoique les juges fussent nommés par le prince et pussent être à tout moment révoqués par lui, ils étaient respectés de lui-même et du public.

Ils ne restèrent pas d'ailleurs bien longtemps dans la situation instable et précaire qu'ils avaient eue à l'origine. Nommés d'abord pour chaque session, ils ne tardèrent pas à être nommés à vie. Deux mandements de Philippe de Valois, aux dates de 1337 et de 1341, marquent bien que les fonctions de président et de conseiller étaient viagères. Les états-généraux de 1356 avaient exigé la destitution de plusieurs magistrats ; ils furent réintégrés dans leurs fonctions par Charles V. Plus tard, Louis XI établit formellement la règle de l'inamovibilité de la magistrature. Son ordonnance à ce sujet est digne de remarque. « Considérant, dit-il, que en nos officiers consiste, sous notre autorité, la direction des faits par lesquels est policée la chose publique de notre royaume, et que d'icelui ils sont les ministres essentiaux, comme membres du corps dont nous sommes le chef ;… ayant aussi entendu et connaissant que plusieurs de nos officiers, doutant choir en l'inconvénient de destitution, n'ont pas tel zèle et ferveur à notre service qu'ils auraient si n'était ladite doute,… statuons par ces présentes que désormais nous ne donnerons aucun de nos offices, s'il n'est vaquant par mort ou par résignation faite de bon gré et consentement du résignant, ou par forfaiture préalablement jugée et déclarée judiciairement. » On peut observer que cette inamovibilité n'était pas le privilège des magistrats, elle était accordée à tous les officiers ; les fonctionnaires de l'ordre financier et de l'ordre administratif en jouissaient aussi bien que les juges. Que cette règle fût souvent violée, nous ne devons pas en être surpris ; elle était trop étendue, trop absolue pour ne pas être dangereuse, et pour que la royauté ne se crût pas souvent dans la nécessité de s'en écarter. Il faut reconnaître aussi que, si les rois faisaient volontiers des lois excellentes, ils n'éprouvaient aucun scrupule à les enfreindre. Du moins ressort-il de tout cela qu'au XVe siècle, sauf de rares exceptions, la magistrature était inamovible, et que c'étaient les rois qui avaient posé cette règle.

Il arriva même d'assez bonne heure que les rois renoncèrent à choisir eux-mêmes les magistrats ; Bodin dit avoir lu dans les registres du parlement une ordonnance de 1308 d'après laquelle les charges de conseiller devaient être conférées par élection. Si nous n'avons plus cette ordonnance, nous en avons du moins une de 1344 dans laquelle Philippe de Valois déclare que « nul ne sera mis au lieu de président ou conseiller, si il n'est témoigné par le chancelier et par le parlement être suffisant à exercer ledit office. » De ceci à l'élection, il n'y avait qu'un pas. Une ordonnance de 1400 prononce que, « quand les places de présidents et autres gens du parlement vaqueront, ceux qui y seront mis soient pris par élection. » La même ordonnance ajoutait que les baillis et sénéchaux, qui étaient les juges des provinces, seraient élus aussi par le parlement ; le roi ne se réservait que le droit de donner aux élus la nomination officielle. L'usage s'établit, à la vérité, de présenter pour chaque vacance deux ou trois candidats au roi ; mais les ordonnances permettaient toujours au parlement de n'en présenter qu'un. Il y a même une ordonnance de Charles VII, en 1446, qui enjoint au parlement, dans le cas où il présenterait plusieurs candidats pour une même place, de désigner clairement celui d'entre eux qu'il préfère, « afin, dit le roi, que mieux puissions avoir avis à pourvoir audit office. » Louis XI en 1465 confirma cette règle de l'élection, ce qui ne l'empêcha sans doute pas de la violer plus d'une fois. Nous lisons dans une ordonnance de Louis XII à la date de 1498 : « Avant que nul puisse être pourvu d'aucun office de président ou conseiller de nos cours, il est expressément requis qu'il soit élu et nommé par nos dites cours, et en faisant lesdites élections nos présidents et conseillers jureront sur les saints

Évangiles de Dieu d'élire sur leur honneur et conscience celui qu'ils sauront être le plus lettré, expérimenté, utile et profitable pour lesdits offices. » Le roi se réservait, il est vrai, la faculté de nommer quelquefois lui-même un magistrat ; mais il fallait alors que le magistrat désigné par le roi subit un examen devant le parlement, et l'ordonnance disait formellement : « S'il m'est trouvé idoine, suffisant ni capable, ne sera reçu. »

Tout en reconnaissant que la pratique ne pouvait pas répondre avec une parfaite exactitude à ces principes, on voit pourtant qu'au XVe siècle la France avait un corps de magistrats qui était inamovible, indépendant, et qui en général se recrutait lui-même par voie d'élection ou d'examen. Il en fut autrement dans le siècle qui suivit. On sait qu'une révolution dans le sens monarchique fut opérée par François Ier et Henri II, reprise ensuite et achevée par Richelieu et Louis XIV. Les vieilles traditions du moyen âge furent abandonnées : la noblesse perdit ses prérogatives, la bourgeoisie ses franchises, le clergé l'élection de ses évêques ; on essaya de faire oublier les états-généraux, et les assemblées provinciales ne furent plus qu'une formalité. Tout plia et se soumit ; une seule chose en France échappait à l'omnipotence de cette royauté absolue : ce fut la magistrature.

Le 31 janvier 1522, François Ier, dans un besoin pressant d'argent, créa au sein du parlement de Paris une nouvelle chambre qu'il composa de deux présidents et de dix-huit conseillers, et il exigea que chacun de ceux qu'il nommait à ces charges lui fît un prêt de 6,000 livres. C'est une opération que le prédécesseur de François Ier avait faite sur plusieurs offices de finance ; l'étendre aux places de juges sembla naturel. Elle fut renouvelée plus d'une fois par le même prince, puis par tous ses successeurs et leurs ministres, y compris Colbert. Ce qu'on avait fait d'abord pour le parlement de Paris, on le fit pour les parlements de province, puis pour les tribunaux inférieurs ; on doubla, on tripla le nombre des juges. On créa de la même façon et pour le même motif beaucoup d'offices de finance, et même des offices de police et d'administration. Ce gouvernement de l'ancien régime fut toujours à court d'argent ; il lui parut commode de s'en procurer en vendant presque chaque année de nouvelles fonctions. Qu'elles fussent inutiles, dangereuses, parfois même grotesques, il n'importait, pourvu qu'elles satisfissent aux besoins journaliers du trésor : on estime que le nombre de ces fonctionnaires dépassa cent mille. Chacun d'eux à l'origine avait versé une somme à l'état à titre d'emprunt. Ces cent mille fonctions représentaient donc autant de créances ; elles formaient un des principaux chapitres de la dette publique de l'ancien régime. L'état en servait les intérêts, moitié sous forme d'appointements, moitié sous forme d'exemption d'impôts. Il avait le droit de les supprimer ; mais en ce cas il n'était douteux pour personne qu'il ne dût rembourser la somme prêtée, et le gouvernement s'astreignit toujours à l'observation de cette règle. Rembourser quelques offices fut une opération qui s'exécuta maintes fois, et elle ressemble trait pour trait à celle que font les états modernes quand ils remboursent une partie de leurs rentes. Toute cette multitude d'offices formait ce que nous appellerions aujourd'hui une dette consolidée, car l'état n'était jamais tenu à rembourser le capital. Il ne le faisait que quand il le pouvait et en choisissant son moment. En temps de paix, il supprimait volontiers quelques offices, et en temps de guerre il les rétablissait, absolument comme de nos jours on amortit ou l'on emprunte. Ces offices, comme tout ce qui est acquis par achat et par contrat, devenaient nécessairement une propriété ; le titulaire, aussi longtemps qu'il n'était pas remboursé, était irrévocable. S'il voulait se démettre, il ne le faisait pas entre les mains du roi, qui eût dû le rembourser, mais entre les mains d'un tiers à qui il cédait à la fois sa fonction et sa créance. Ces titres se transmettaient à peu près comme se transmettent ceux de la dette publique ; ils avaient même une hausse et une baisse, ils baissaient quand on avait lieu de craindre que l'état ne remboursât « d'après le taux de la première finance, » ils haussaient lorsque la sécurité des possesseurs était garantie, ou lorsque les bénéfices attachés à chaque fonction venaient à augmenter. La première fois que furent créés ces offices, la magistrature s'en émut, son premier mouvement fut de protester contre un procédé que sa conscience réprouvait. Les vingt premiers magistrats qui achetèrent leurs charges soulevèrent l'indignation du parlement, ils ne furent admis qu'en dépit des plus énergiques remontrances et sur l'ordre exprès du roi ; mais cette opposition dura peu, la magistrature s'accommoda vite de la vente des fonctions judiciaires, et finit même par s'en trouver si bien qu'elle s'attacha plus à cet usage que les rois eux-mêmes. François Ier écrivit un jour au parlement une lettre où il s'excusait d'avoir vendu des places de juges, et où il priait la cour de lui indiquer le moyen de supprimer cet abus : le parlement ne trouva pas ce moyen. Les rois paraissent avoir regretté d'avoir établi la vénalité des charges ; la magistrature fit tous ses efforts pour la conserver. François II et

Charles IX essayèrent en vain, par des ordonnances de 1559, de 1560, de 1566, de rétablir les élections dans le parlement ; ils n'y réussirent pas. La royauté avait compris combien la vénalité des charges était contraire à ses intérêts, et la magistrature avait senti de son côté combien cette même vénalité lui était avantageuse. Il y eut pendant près d'un siècle une véritable lutte entre la magistrature, qui prétendait vendre ses charges, et la royauté, qui essayait de l'en empêcher. La royauté fut la plus faible parce qu'elle avait toujours besoin d'argent ; elle ne put jamais rembourser les offices de judicature, et elle fut bien forcée de permettre aux magistrats de revendre ce qu'ils avaient acheté.

Il est vrai que le gouvernement s'était réservé un moyen de reprendre les charges : en autorisant les magistrats à les vendre, il ne leur avait pas permis de les léguer. Il refusait d'admettre qu'une fonction judiciaire fût assimilée exactement à un patrimoine. On établit donc cette règle que le magistrat pourrait *résigner*, c'est-à-dire vendre de son vivant, mais que, s'il mourait sans avoir résigné ou même s'il ne survivait pas au moins quarante jours à l'acte de résignation, sa charge faisait retour au roi, qui pouvait alors ou la supprimer ou la revendre à son profit. La magistrature s'efforça d'amener le gouvernement à renoncer à cette règle, qui était en effet contraire à l'ensemble du système ; il fallait ou supprimer la vénalité à sa source ou en admettre la conséquence naturelle, c'est-à-dire la transmission héréditaire. La magistrature souhaitait vivement que la royauté prît ce dernier parti ; elle l'obtint, comme on obtenait tout de cette monarchie, par la force de l'argent. En 1604, Sully était à la recherche de nouveaux impôts qui n'augmentassent pas le fardeau déjà bien lourd que portait la population. Il s'avisa de frapper d'une taxe les charges de judicature, mais il fut convenu que, moyennant le paiement annuel de cet impôt, qui équivalait au soixantième du prix d'achat, les charges seraient transmissibles sans nulle réserve ; le titulaire mort, son fils pouvait hériter de la fonction, ou, s'il le préférait, la vendre à un tiers. Cet impôt fut appelé *droit annuel* ou *paulette* ; ce qui montre combien il était conforme aux vœux et aux intérêts de la magistrature, c'est qu'on vit augmenter aussitôt le prix des charges dans la proportion de 9,000 à 35,000 livres. Il n'avait été établi par Henri IV que pour une durée de neuf ans ; mais la magistrature tint toujours à ce qu'il fût renouvelé. Chaque fois que le terme des neuf années approchait, on voyait baisser le prix des charges. Le grand sujet d'alarme de la magistrature était que cet impôt ne vînt à disparaître. Quand un ministre avait à se plaindre du parlement ou voulait le rendre docile, il n'avait qu'à le menacer de ne pas renouveler le *droit annuel* ; sur cette seule menace, le parlement manquait rarement de plier. Dans les états-généraux de 1614, la noblesse demanda la suppression de cet impôt ; mais le parlement en réclama hautement le maintien, et le gouvernement, après avoir promis de l'abolir, se trouva trop pauvre pour tenir sa promesse. Plus d'une fois la magistrature acheta le renouvellement de cet impôt par un don d'argent.

C'est ainsi que la fonction de juger devint héréditaire ; elle fut un patrimoine soumis à l'impôt comme le sont les champs et les maisons, et par cela même garanti par l'état au propriétaire et à ses héritiers. La France fut dès lors jugée par une corporation ou une caste qui avait acheté le droit de juger argent comptant. La justice ne fut plus une fonction, elle fut un monopole.

Il n'est pas douteux qu'une telle organisation judiciaire ne choque la raison et la conscience. Les états-généraux de 1560, de 1579, de 1615, ont protesté contre la vénalité des charges ; Bodin, Michel de L'Hôpital, de Thou, l'ont condamnée dans leurs écrits. La vénalité et l'hérédité des charges judiciaires présentaient un premier inconvénient, c'est que chacune de ces charges était un capital dont il fallait que le propriétaire tirât un revenu. Quand on avait déposé son argent dans une charge de conseiller, il fallait que cet argent fructifiât ; l'office de juge se transformait forcément en un objet de spéculation. Il fut presque impossible d'y conserver le désintéressement ; la probité n'en fut pas exclue, mais elle devînt difficile. Les magistrats intègres de cette époque ont été présentés à l'admiration de la postérité comme des héros. Nous pouvons croire en effet que cette intégrité, qu'on louerait à peine aujourd'hui, touchait alors à l'héroïsme ? elle ne pouvait pas être la vertu du grand nombre. Bodin nous dit en parlant de la justice de son temps : « Les épices y sont merveilleusement âpres, sans compter les corruptions et présents qu'il faut faire. » Henri VI était encore plus franc ; il dit un jour dans une harangue publique : « Dans tous les parlements, la justice se vend ; je le sais pour avoir aidé moi-même à boursiller. » A la vérité, Il voulait bien faire une exception pour le parlement de Paris, devant lequel il parlait. Plus tard, Racine et Molière ont dit sur la scène ce que tous leurs contemporains pensaient de cette magistrature ; La Bruyère observait qu'il n'était pas tout à fait impossible qu'un homme de qualité perdît un procès. Si l'on veut croire que ces juges ne songeaient pas en général à s'enrichir aux dépens de l'équité, il est sûr du moins qu'ils s'enrichissaient aux dépens des plaideurs. Ils faisaient payer leurs audiences et leurs arrêts absolument comme les notaires faisaient payer leurs écritures et les avocats leurs plaidoiries. Toute cette justice était à la charge des justiciables et leur coûtait fort cher ; la fable de La Fontaine, qui nous semble aujourd'hui une boutade, était alors l'image fort exacte de la vérité. Souvent les rois réduisaient les épices, c'est-à-dire les honoraires que chaque plaideur devait aux juges, et ils fixaient un *maximum* ; mais au bout de peu d'années la royauté avait besoin d'argent : elle en demandait à la magistrature, qui lui en donnait soit sous forme d'emprunt, soit sous forme de retenue de gages, mais toujours à la condition ! qu'il lui fût permis d'élever le taux des épices. Ainsi le gouvernement pressurait périodiquement la magistrature en lui laissant le soin de se rattraper sur les justiciables. Pour que la justice fût très productive, il fallait qu'elle fût lente à proportion ; on compliqua donc la procédure, on allongea les procès ; on imagina tout un enchaînement d'exploits, d'instances, de productions, d'appointements, d'arrêts interlocutoires, et tout cela se payait. La justice ne marcha plus qu'en louvoyant, qu'en faisant mille détours, au grand détriment de la fortune et de la moralité du public. Le devoir des juges, disait La Bruyère, est de rendre la justice, leur intérêt est de la différer. Un ambassadeur vénitien, Marino Cavalli, écrivait dans son rapport sur l'état de la France : « Ici, une cause de mille écus en exige deux mille de frais et dure dix ans. » Plus tard, l'intègre Lamoignon lui-même disait sans aucun scrupule que les magistrats devaient trouver dans les profits de la justice le revenu des sommes qu'ils avaient avancées pour en devenir possesseurs.

Un autre fruit de l'hérédité des charges fut l'ignorance de la magistrature. Les examens, que l'on continua d'exiger pour l'admission de chaque nouveau magistrat, ne furent plus qu'une vaine formalité. Il ne pouvait jamais y avoir deux candidats pour une même place ; la cour était contrainte d'admettre le fils du magistrat défunt ou l'homme qui était présenté par la veuve. On peut juger par là comment furent composés les parlements et à plus forte raison les tribunaux inférieurs. Il n'est pas dans la nature humaine de se livrer à d'austères études sans y avoir un intérêt puissant ; il arriva donc, comme le remarquait déjà Fontenay-Mareuil, que « les jeunes gens eurent moins de soins à étudier qu'ils n'avaient eu autrefois. »

Si l'on veut admettre à la rigueur que l'esprit d'équité était héréditaire dans ces familles, la science n'est jamais héréditaire, et la pratique même n'y supplée pas. L'ignorance de la magistrature alla en grandissant de génération en génération. Cela est frappant, si l'on compare les jurisconsultes du XVIIIe siècle à ceux du XVIe et ceux-ci aux grands jurisconsultes du XIIIe et du XIVe. Plus ils approchent de notre époque, plus ils sont confus, obscurs, embarrassés ; ils se trompent, et parfois de la façon la plus grossière, sur le droit féodal ; ils se perdent dans le fief et dans le franc alleu ; ils font de tout cela un dédale où ils n'ont plus pour fil conducteur que quelques ordonnances royales qui sont quelquefois en parfaite contradiction avec le vieux droit qu'elles prétendent éclairer. De là venaient les perpétuelles hésitations des juges sur des textes qu'ils ne comprenaient plus, les arrêts donnés au hasard, les contradictions, les appels toujours renaissants, enfin tous ces défauts de la justice qui sont toujours en proportion inverse de la science et de la clairvoyance des juges. L'absolue ignorance de la magistrature, à de très rares exceptions près, était si évidente dès le XVIIe siècle, que l'on pouvait en parler même au théâtre comme d'une vérité reconnue par tous.

Malgré ces vices trop manifestes, la vénalité et l'hérédité des charges furent maintenues durant près de trois siècles. Cela tient peut-être à ce qu'elles épargnaient à la justice des vices et des abus encore plus criants. Qu'on en juge par quelques exemples : un jour, François Ier crée deux offices d'enquêteurs dans toutes les villes du royaume et se résout à ne pas les vendre ; « il les donne à MM. Bonnivet et de La Palisse, qui les vendirent plus de 80,000 livres. » La vente régulière eût été sans doute un scandale moins grand. Plus tard, Louis XIII pendant quelques années supprima le droit annuel et par conséquent l'hérédité ; voici quel fut le fruit de cette mesure si équitable en apparence. « Un certain nombre de charges revinrent à la couronne au décès des titulaires ; ces charges furent données presque toutes à des gens d'armes et à des valets de chambre qui les revendaient ensuite à leur fantaisie. On vit enfoncer les portes des magistrats malades afin de savoir le moment du décès ou l'espérance qu'on en pouvait prendre. » C'est que, si nous voyons aisément les défauts de l'hérédité des charges, il faudrait essayer aussi d'entrevoir quels eussent été les défauts du système contraire. Il faudrait nous représenter cette monarchie absolue qui eût disposé sans règle de tous les emplois, distribuant les charges de finance aux plus avides, les charges de juge aux plus intrigants. Il faudrait nous figurer, vis-à-vis de ce pouvoir qui eût été maître de tout, la foule des solliciteurs qui eût demandé tout. Il faudrait voir ces milliers de fortunes et d'existences qui eussent été suspendues à la parole d'un roi, d'un ministre, d'un favori subalterne, d'une favorite ou d'un valet de chambre. La vénalité et l'hérédité des charges pouvaient être fort mauvaises, mais sans elles on aurait eu quelque chose de pis. C'est peut-être à elles que l'on doit que la société française ne soit pas tombée jusqu'aux derniers degrés de l'intrigue et de la courtisanerie. Richelieu a dit : « Au lieu que la suppression de l'hérédité des offices devrait ouvrir la porte à la vertu, elle l'ouvrirait aux brigues et aux factions. » L'hérédité des charges eut encore un autre mérite. En privant la royauté de la nomination à la plupart des emplois, elle la préserva des compétitions, des plaintes, des rancunes et des mécontentements que la poursuite des places ne manque jamais d'engendrer contre ceux qui en disposent. Songeons que le nombre des solliciteurs dans l'ancien régime était encore plus grand qu'il n'est aujourd'hui, et calculons par là toutes les récriminations et toutes les haines qui se fussent accumulées contre la royauté. Si l'on observe toutes les causes qui ont amené dans notre siècle l'instabilité de tous nos gouvernements, on verra que l'une d'elles, et non la moins forte, est que le pouvoir dispose de toutes les places. La stabilité de l'ancienne royauté tient peut-être en grande partie à ce qu'elle n'en disposait pas.

L'hérédité des charges fut une des institutions les plus solides de l'ancien régime. Les rois essayèrent plusieurs fois de la supprimer, ils y échouèrent ; il fallut la révolution française pour l'abolir. C'est qu'elle présentait quelques avantages. L'ancienne société française, qui n'avait pas l'esprit rigoureux et la raideur de logique des générations contemporaines, savait s'accommoder des institutions les plus mauvaises ; elle les prenait pour ainsi dire par leur bon côté et en tirait le meilleur parti possible. La vénalité des charges, qui aujourd'hui serait la honte et la ruine d'un corps judiciaire, fit la force de cette ancienne magistrature. Elle lui donna une indépendance que rien, en l'absence de constitutions et de chartes, ne lui eût assurée. La royauté assujettit tout, opprima et écrasa tout ; la magistrature seule resta hors d'atteinte du pouvoir absolu. Un publiciste du temps de Richelieu nous en donne la raison ; Le Bret, dans son traité de la souveraineté du roi, condamne l'hérédité des charges « parce qu'elle a ôté au roi le choix et l'élection des magistrats, qui doivent entièrement dépendre de son autorité. » Le Bret se trompe : l'hérédité des charges n'a pas ôté l'élection au roi, elle l'a ôtée à la magistrature elle-même, qui en avait été en possession au XVe siècle ; mais il est bien certain que la magistrature n'aurait pas conservé ce droit d'élection, qui était enlevé au clergé lui-même. L'hérédité des charges, à tout prendre, valait mieux que cette extrême dépendance sous le poids de laquelle l'idée même de justice pouvait périr. Grâce à elle, le magistrat n'avait ni destitution à craindre, ni avancement à espérer ; ne redoutant rien, ne demandant rien, sûr de sa situation, qu'aucune disgrâce ou aucune faveur ne pouvait changer, il était établi dans sa fonction comme dans un patrimoine. La magistrature devint ainsi la classe la moins soumise au pouvoir qu'il y eût en France ; elle eut une vie propre, des traditions, des droits, Elle adopta les défauts et les qualités de tout ce qui est héréditaire : d'une part, elle se préoccupa plus qu'il n'eût fallu de ses intérêts et de son amour-propre ; mais d'autre part elle eut l'indépendance, la sécurité, la dignité, l'orgueil, l'esprit de corps, en un mot tout ce qui fait la force. Elle devint une aristocratie, et il fut heureux que cette aristocratie nouvelle se formât pour qu'il y eût encore quelque chose en France qui fît échec à la royauté, et qui lui posât quelques limites.

III. — Du pouvoir politique qui était attaché à l'ancienne magistrature.

On n'a pas tout dit sur l'ancienne magistrature française quand on a parlé de l'hérédité de ses charges, de sa constitution en corporation, de son indépendance et de ses vices. Il y a quelque chose qui, mieux encore

que tout cela, la distingue de la magistrature.
d'aujourd'hui : c'est qu'elle possédait une part
de l'autorité législative et du pouvoir politique.
Cette vérité mérite d'être mise en lumière, car,
outre qu'elle explique plusieurs points
importants de l'histoire de l'ancien régime, elle
peut fournir un sujet de méditation et peut-être
même d'imitation aux hommes de nos jours.

Au premier coup d'œil que l'on jette sur
l'histoire de France depuis Charles VII jusqu'à
Louis XVI, on est surpris de la fréquente
intervention de la magistrature dans les affaires
politiques. Cette intervention est si éloignée de
nos habitudes modernes qu'au premier abord
elle nous choque, et nous semble un désordre.
A regarder les choses attentivement, on
s'aperçoit qu'elle était conforme aux idées et
aux principes politiques de ces temps-là, et
qu'elle était pour ainsi dire une des parties

essentielles de la constitution de la société française.

Le parlement de Paris, à son origine, n'était pas proprement un tribunal. Il était, suivant l'expression du temps, « la cour du roi, » c'est-à-dire la réunion des vassaux directs, soit qu'ils fussent gentilshommes, soit qu'ils fussent ecclésiastiques. Quant au mot parlement, que l'on employait aussi, il avait le même sens dans la langue de ce temps-là que les mots assemblée délibérante ont dans la nôtre. L'idée que l'on se faisait de l'autorité publique au moyen âge était telle que l'on n'admettait pas qu'un souverain pût faire aucun acte sans l'aveu et le concours de ceux qui dépendaient de lui. Qu'il s'agît d'une loi à établir, d'un impôt nouveau à percevoir, d'une guerre à entreprendre ou même seulement d'un mariage à contracter, le souverain ne devait prendre une décision qu'au milieu de ses sujets et après avoir pris leur avis.

Il est vrai que ce principe, au temps de la féodalité, ne conduisait pas à l'institution d'assemblées nationales ; mais cela tient seulement à ce que, la société étant constituée hiérarchiquement, chaque souverain n'avait à consulter que les sujets qui étaient immédiatement au-dessous de lui. Le roi n'avait donc à réunir que ses vassaux directs, c'est-à-dire quelques seigneurs, quelques prélats, et les magistrats municipaux de ses villes, si les objets en délibération touchaient aux intérêts de la bourgeoisie. Cette règle se répétait d'ailleurs à tous les degrés de la hiérarchie, et, de même qu'il y avait la cour du roi, il y avait la cour ou parlement de chaque duc, de chaque seigneur, et il se déroulait ainsi une longue chaîne d'assemblées de toute nature dont l'ensemble formait la nation même.

Toutes ces « cours » n'étaient pas seulement des tribunaux ; elles étaient des assemblées délibérantes. La cour du roi par exemple avait des attributions qui s'étendaient à l'infini ; on peut les résumer d'un mot : elle s'occupait de tout ce dont s'occupait le roi. Elle devait, au moins en principe, entourer toujours le roi, ne pas le quitter, le suivre même en campagne, le conseiller sur toutes choses, participer à tous ses actes, vivre de sa vie. Aux heures où le roi jugeait, sa cour était un tribunal ; aux heures où il administrait, elle était un conseil d'état ; s'il songeait à faire la guerre, elle devenait son conseil militaire. Il est bien vrai qu'aucune constitution écrite ne fixait les attributions fort diverses de cette cour ; mais ses droits, son action, sa part d'influence et d'autorité, tenaient à des principes et à une façon de concevoir la vie publique qui étaient dans tous les esprits. Si nous nous reportons à la manière dont la nation était alors constituée, nous pourrons dire que cette cour du roi était la nation faisant ses affaires en commun avec le roi. Un magistrat du XVIe siècle définissait assez bien cette situation du parlement primitif quand il disait : « Il était une sorte de république assemblée comme convention d'états. »

Plus tard, la cour du roi se partagea, pour la commodité du travail, en trois corps qui furent le grand-conseil, la chambre des comptes et le parlement proprement dit ; mais le parlement ne fut pas pour cela réduit aux fonctions judiciaires. La politique et la justice ne se distinguaient pas alors comme elles se distinguent aujourd'hui. De même que le grand-conseil s'érigeait quelquefois en tribunal et que la cour des comptes avait aussi une compétence judiciaire, le parlement avait de son côté plus d'une fonction en dehors de celle de juger ;

l'autorité législative surtout lui était formellement reconnue. Ce n'est pas qu'il faille l'assimiler au parlement anglais ou à notre corps législatif. Il n'était pas un pouvoir placé vis-à-vis du roi pour lui faire contre-poids et pour agir en dehors de lui ou même contre lui ; il faisait corps au contraire avec le roi. il concourait avec lui à l'œuvre législative, il l'aidait ; il était l'entourage nécessaire du roi faisant les lois, et ressemblait par conséquent beaucoup plus à notre conseil d'état qu'à notre corps législatif. Aucune loi n'était régulièrement faite par le roi, si elle n'était faite au sein de son parlement et ce parlement entendu.

L'autorité législative de cette cour fut pourtant amoindrie dès le XIVe siècle. L'usage s'établit que les ordonnances fussent préparées par le roi dans le grand-conseil, ou le « conseil étroit, » au lieu d'être préparées et discutées en parlement ; mais alors le roi fut astreint, l'ordonnance une fois faite et rédigée, à en envoyer le texte au parlement pour qu'il fût inscrit sur ses registres. Or cet enregistrement n'était pas une pure formalité ; il allait de soi qu'avant de l'écrire sur ses registres, le parlement examinait l'édit ou l'ordonnance qui lui était apporté. C'était un point qui au XIVe et au XVe siècle ne faisait doute pour personne. « Était trouvé bon, dit à ce sujet Estienne Pasquier, que les volontés de nos rois n'obtinssent point lieu d'édits, sinon qu'elles eussent été vérifiées et homologuées au parlement, laquelle chose premièrement se pratiquait sans hypocrisie et dissimulation, déférant nos rois grandement aux délibérations de la cour. » Si le nouvel édit paraissait contraire à la justice ou à l'intérêt public, le parlement présentait au roi ses

« remontrances. » Ce mot, auquel ne s'attachait alors aucune idée d'opposition ou de blâme, n'avait d'autre sens que celui d'observations. Le droit de remontrance ne fut jamais sérieusement contesté au parlement ; c'était un droit pour lequel on ne pouvait invoquer aucun texte, par la raison qu'il était aussi vieux que la monarchie ; pour en trouver l'origine, il eût fallu remonter du parlement à la cour du roi et de la cour du roi aux anciens champs de mars. Remontrer était un droit que les vassaux et les sujets avaient toujours eu ; ni Richelieu, ni Louis XIV, n'osèrent l'enlever aux parlements. Un publiciste dévoué à Richelieu écrivait que « les cours de parlements avaient le droit et le devoir de faire au roi de sérieuses remontrances. » Louis XIII déclarait formellement que « les magistrats pourraient lui faire des remontrances sur l'exécution des édits. » Colbert lui-même rappela plusieurs fois aux parlements qu'ils avaient ce droit.

On s'est demandé s'ils avaient aussi celui de refuser l'enregistrement. Il en est de cette question comme de toutes celles qui concernent l'ancien régime : elle ne se résout pas par un texte de loi, mais par les faits, et elle peut avoir par conséquent des solutions diverses suivant les temps et les circonstances. Avant François Ier et avant l'établissement de la monarchie absolue, il fut à peu près impossible aux rois d'obliger les magistrats à enregistrer les ordonnances qu'ils n'approuvaient pas. L'opinion du corps judiciaire était alors une puissance à laquelle les rois ne savaient pas encore résister. « Un jour que Louis XI avait usé de menaces envers la cour de parlement, qui refusait de publier quelques édits qui étaient iniques, le président La Vacquerie, accompagné de conseillers en robes rouges, alla faire ses remontrances au roi pour les menaces qu'on faisait à la cour. Le roi, voyant la gravité, le port, la dignité de ces personnages qui se voulaient démettre de leurs charges plutôt qu'enregistrer les édits qu'on leur avait envoyés, s'étonna, et, redoutant l'autorité du parlement, fit casser les édits en leur présence, et leur jura qu'il n'enverrait plus édit qui ne fût juste et raisonnable. » Ainsi le plus hardi des rois de ce siècle n'osait pas se mettre en lutte ouverte contre la magistrature. Pour la même raison, Louis XII déclara hautement que les juges ne devaient pas tenir compte des ordres royaux qui ne seraient pas conformes au droit et aux lois. D'ailleurs le gouvernement sentait lui-même combien cette liberté du parlement pouvait lui épargner de fautes ou l'aider à réparer les fautes commises. En voici un exemple entre beaucoup d'autres : en 1425,

Charles VII avait été entraîné par un de ses courtisans à signer un acte contraire à tous les intérêts et à toutes les traditions de la monarchie, par lequel il supprimait les libertés du clergé français vis-à-vis de la cour de Rome ; mieux éclairé l'année suivante, il annula cet acte en se fondant sur ce que le parlement ne l'avait pas enregistré.

Ainsi le droit d'accorder ou de refuser l'enregistrement était à peu près reconnu au corps judiciaire ; au moins le gouvernement n'osait-il pas contraindre les parlements à enregistrer ses édits malgré eux. Or il était de tradition que, tant qu'une ordonnance royale n'était pas inscrite sur ces registres officiels, elle n'était pas promulguée ; on n'en tenait pas compte dans les jugements, et elle était comme non avenue. Il est donc vrai de dire que le corps judiciaire avait une part de l'autorité législative ; s'il n'avait pas l'initiative et la préparation des lois, il avait du moins la promulgation, le contrôle, et jusqu'à un certain point le *veto.* Ces principes furent universellement admis au XVe siècle ; c'était presque un axiome du droit public au temps de Charles VIII que « les décisions du roi ne pouvaient être exécutées sans un arrêt du parlement. » Guillaume Budé, au siècle suivant, s'exprimait plus fortement encore : « c'est l'autorité du parlement qui donne la sanction aux lois du prince ; ces lois ne passent à la postérité qu'en vertu des arrêts du parlement. » Michel de Castelnau, qui fut ambassadeur de plusieurs rois et qui ne pouvait se tromper sur les principes généraux de la constitution de la France, disait : « Les édits ordinaires n'ont point de force, s'ils n'ont été reçus et vérifiés es parlements, *qui est une règle d'état* par le moyen de laquelle le roi ne pourrait quand il voudrait faire des lois injustes. »

Ce principe s'appliquait à toutes les lois, quel qu'en fût l'objet. Les pragmatiques et les concordats, qui réglaient les rapports entre l'église et l'état, étaient des lois qu'il fallait présenter au parlement et qui étaient soumises à son contrôle. Les édits bursaux ou lois de finance devaient lui être portés, et il fut toujours reconnu jusqu'en 1789 qu'aucun impôt ne pouvait être régulièrement établi et légitimement perçu, s'il n'avait été enregistré par le parlement. Les traités de paix et d'alliance étaient considérés aussi comme des actes législatifs, et ils étaient sujets par conséquent à la vérification et à l'examen du corps judiciaire. Comines, qui savait mieux que personne les usages et les règles de la diplomatie, dit formellement que « c'est la coutume de France de publier tous traités de paix en la cour de parlement, ou autrement ne seraient de nulle valeur. » On peut remarquer dans l'histoire de Louis XI qu'après l'entrevue de Péronne et le sac de Liège il fut heureux de pouvoir s'éloigner enfin de son ennemi en lui donnant cette raison, « qu'il devait aller à Paris faire publier leur appointement en la cour de parlement. » François Ier le consulta sur le traité de Madrid. On vit plus d'une fois des souverains étrangers exiger que les traités fussent enregistrés au parlement, comme si la signature du roi de France ne leur suffisait pas. Aussi trouve-t-on parmi les actes du parlement de Paris presque tous les traités de paix enregistrés à leur date. Il devait arriver quelquefois que la cour donnât son avis, et en général c'était celui du patriotisme. En 1593, dans un moment à la vérité où la France n'avait plus de monarchie, où elle était sous l'étreinte de l'Espagne, le parlement rendit un arrêt solennel par lequel il ordonnait « qu'aucun traité ne se fît pour transférer la couronne en la main de princesse ou prince étranger, déclarant tel arrangement de nul effet et valeur. » Les testaments des rois lui étaient présentés. En cas de minorité, le gouvernement lui-même s'adressait à lui pour qu'il décidât à qui devait appartenir la régence. Ainsi le corps judiciaire se trouvait mêlé à toute la vie politique ; par son droit de vérification et d'enregistrement, il avait un contrôle sur l'administration financière, sur l'église, sur la diplomatie, sur tous les intérêts généraux et sur la constitution même de l'état. On peut dire que l'ancien régime était une monarchie absolue, mais une monarchie qui ne pouvait agir qu'avec l'aveu et le concours du corps judiciaire.

Beaucoup d'historiens modernes trouvent injustifiable cette autorité d'un corps qui, n'ayant pas été élu par la nation, n'avait aucun droit à la représenter ; c'est juger les choses anciennes d'après nos idées modernes. Dans l'ancien régime, il n'y avait presque aucun esprit qui conçût le principe de la représentation, et c'est surtout pour ce motif que les états-généraux ne furent jamais une institution chère à la France. Aussi ne pensait-on guère à objecter au parlement qu'il ne *représentait* pas le pays. L'autorité dont il jouissait, il la tenait de sa force propre, c'est-à-dire de sa constitution même. Le corps judiciaire comprenait, outre le parlement de Paris, les parlements de province, dont le nombre s'éleva jusqu'à douze ; derrière ceux-ci étaient les cent présidiaux, les bailliages et les lieutenances. Tous ces tribunaux, qui étaient répandus sur le sol de la France, avaient le même esprit que le parlement de Paris et les mêmes habitudes d'indépendance. A tous les degrés, les places s'acquéraient de la même façon, c'est-à-dire par l'élection au XVe siècle, par la vénalité au XVIe, par l'hérédité au XVIIe. Nul ne tenait sa place du roi ; tous ces juges étaient parfaitement libres vis-à-vis d'un pouvoir dont ils n'avaient rien à craindre, ni rien à espérer. Une magistrature ainsi constituée avait sur les populations de ce temps-là une influence dont nous avons peine à nous faire une idée aujourd'hui. La vénalité et le haut prix des charges faisaient que le moindre juge devait avoir quelque richesse ; la considération populaire, qui ne se serait peut-être pas attachée à une magistrature pauvre, s'attachait à une magistrature riche. Le juge n'était pas seulement un juge, il était presque toujours un grand propriétaire ; on voyait en lui non un fonctionnaire, mais un homme qui avait une valeur par lui-même et une existence parfaitement indépendante. Il n'était pas un étranger en passage ; chacun des magistrats vivait et jugeait dans la province où il était né, là où il avait sa fortune, là où il avait ses racines, ses liens, son influence héréditaire. Puis, à côté d'eux ou derrière eux, se trouvait la multitude des avocats, des notaires, des procureurs, des greffiers, tous attachés à la magistrature, ayant le même esprit, les mêmes habitudes, les mêmes intérêts ; c'étaient cent mille familles qui formaient l'armée dont les parlements étaient les chefs. Encore faut-il compter comme leur plus fort appui la foule des plaideurs, c'est-à-dire la foule des intérêts engagés et des existences qui dépendaient des arrêts de la justice. Tout cela formait un corps compacte et immense qui se trouvait souvent aussi fort, quelquefois plus fort que le gouvernement lui-même. En cas de lutte, la magistrature avait une arme irrésistible : elle offrait sa démission, ou plutôt elle suspendait la justice. Aussitôt la population entière voyait tous ses intérêts compromis ; la justice tenait une si grande place dans la société de ce temps-là, qu'en la suspendant on suspendait la vie sociale tout entière. C'était comme lorsqu'au moyen âge l'église mettait la France en interdit. Magistrats de tous les tribunaux, avocats, procureurs et notaires, plaideurs de toutes catégories, attendaient impatiens et obstinés que le gouvernement royal eût fait la paix avec les parlements. Il fallait que la royauté se sentît bien forte et bien sûre d'elle-même pour qu'elle ne cédât pas ; lutter contre le corps judiciaire, c'était lutter contre toute la France. La grande habileté et le grand bonheur de Louis XIV furent d'avoir dompté et endormi le corps judiciaire ; la faute ou le malheur de Louis XV et de Louis XVI fut de ne pouvoir éviter la lutte avec lui.

On se tromperait d'ailleurs beaucoup, si l'on attribuait à cette ancienne magistrature un parti-pris d'opposition qu'elle n'eut jamais. Elle ne se dressait pas en face du pouvoir royal comme un adversaire ; elle prétendait plutôt s'associer à lui, l'aider, le servir. Dans les plus ardents conflits qu'elle eut avec lui, elle protesta toujours, et avec une sincérité parfaite, qu'elle ne le combattait pas ; elle fit la fronde même « pour le service du roi. » Il est certain qu'il n'y avait rien en France qui fût aussi royaliste que cette magistrature. Elle ne cessa jamais de soutenir l'autorité royale, soit contre la noblesse, soit contre les exigences ultramontaines, soit contre les démocrates de 1413 ou de 1593. Ce fut elle qui donna le signal de la fronde ; mais ce fut elle aussi qui sauva la royauté de la fronde. Dans tous ses périls, la royauté était sûre de la rencontrer comme son plus ferme appui et son dernier espoir. Elle proclamait volontiers que les rois avaient une autorité sans bornes ; elle allait jusqu'à dire que « les rois sont au-dessus des lois, et que les lois ne les peuvent contraindre. » On ne voit pas qu'elle ait jamais opposé nettement la nation à la monarchie. Elle parlait souvent des intérêts du peuple, jamais de ses droits ; elle ne paraissait pas penser qu'il en eût. Son opposition aux rois n'avait donc rien qui ressemblât à l'hostilité, rien qui sentît l'esprit de révolution ; elle était plus ennemie des innovations que la royauté elle-même. La royauté française a eu plus d'une fois les allures d'un pouvoir révolutionnaire, on lui voyait quelquefois de singuliers élans vers le progrès : un jour, elle songeait à établir la liberté de conscience ; un autre jour, elle entrait dans la voie du nivellement social, et déclarait la guerre à l'aristocratie. Alors le parlement l'arrêtait, la ramenait en arrière. C'est lui qui, sous François Ier, donna le signal de persécuter les luthériens, et qui força Henri IV à introduire dans l'édit de Nantes quelques clauses en faveur des catholiques ; c'est encore lui qui, sous Louis XVI, soutint les droits et les privilèges féodaux. Le rôle du corps judiciaire, pris dans son ensemble, fut celui d'un corps conservateur. La royauté représentait souvent le changement, la marche en avant soit vers les excès et les abus, soit vers le progrès ; la magistrature représente toujours la tradition, l'esprit de suite, la stabilité, le maintien de l'ordre social. Si la société française a suivi pendant les cinq siècles qui précèdent 1789 une marche sûre et constante, elle le doit à sa magistrature plus qu'à ses rois. Que serait devenue la législation française, si le caprice ou l'intérêt du moment avait suffi pour y apporter à chaque règne des éléments contradictoires ? Que serait devenue l'autorité royale elle-même en présence des révolutions qui n'étaient guère moins fréquentes autrefois qu'elles ne le sont de nos jours, ou en présence de ces intrigues de cour qui étaient de bien autres orages qu'elles ne sont aujourd'hui, si la magistrature n'avait été là, toujours debout et toujours vigilante, pour marquer la tradition, pour écarter « les nouveautés dangereuses, » et pour rappeler tour à tour les rois et le peuple, l'église et les grands, au respect des institutions anciennes ? La France n'avait pas alors de constitution écrite ; on peut dire que c'était la magistrature qui lui tenait lieu de constitution. Elle n'en eut jamais de plus solide.

Le corps judiciaire fut en même temps le défenseur infatigable des intérêts des populations ; c'est lui qui empêcha maintes fois la royauté de faire banqueroute. Les rois furent souvent tentés de se débarrasser de la dette publique, et il ne manqua pas de gens pour leur rappeler que, suivant un vieux principe du moyen âge, un roi n'était pas responsable des dettes contractées par ses prédécesseurs. Si les droits des créanciers de l'état furent presque toujours respectés, si les rentes furent payées avec quelque régularité, c'est aux efforts incessants et aux réclamations réitérées du corps judiciaire qu'on en fut redevable. Une espèce de banqueroute, peut-être la pire de toutes, était l'altération des monnaies ; la magistrature s'opposa encore en ce point aux désirs des rois. Un jour, en 1565, le parlement de Paris apprend que le gouvernement vient de donner des ordres pour changer les monnaies et en diminuer la valeur ; aussitôt il mande à sa barre les directeurs des monnaies et leur défend d'obéir aux ordres du roi. Une autre fois, en 1609, Henri IV ayant besoin d'argent fait un édit pour diminuer d'un cinquième la valeur de toutes les monnaies ; le parlement refuse d'enregistrer l'édit, et le roi le retire.

Le parlement résista autant qu'il put à l'augmentation des impôts. On avait admis jusqu'au XVe siècle qu'aucun nouvel impôt ne pouvait être établi que par le consentement formel de ceux qui le payaient ; ce principe ayant disparu en même temps que les états-généraux et provinciaux, il ne resta plus que la magistrature qui pût défendre la fortune des sujets contre les exigences toujours croissantes du fisc. Nous la voyons repousser en 1563 un impôt sur le papier, en 1572 un impôt sur les draps ; en 1596, elle rejette un autre impôt par cette raison, « qu'il n'a été inventé que dans l'intérêt des collecteurs. » Sous Louis XIII, elle défend aux percepteurs, sous peine de concussion, « de lever des impôts non vérifiés. » On est effrayé quand on pense à quel point la population française eût été écrasée et ruinée, moins encore par la royauté que par ses agents et par les « fermiers de l'impôt, » si la magistrature n'eût obligé l'administration financière à quelque pudeur et les ministres à quelque modération. La royauté en vint à croire qu'elle était propriétaire de tous les biens meubles et immeubles des sujets ; cette maxime se trouve exprimée hautement dans les œuvres de Louis XIV, elle devait être fort en faveur dans les bureaux du contrôle général, et nous pouvons penser qu'elle fut plus d'une fois invoquée dans les délibérations du conseil privé, quand il fixait chaque année le montant des tailles. Si elle ne fut pas rigoureusement appliquée et restait à l'état de théorie pure, c'est sans doute parce que la magistrature ne cessa de rappeler au gouvernement que les sujets étaient propriétaires de leur fortune comme de leur existence. En 1507, le parlement fit spontanément un édit pour établir que le roi ne pourrait prononcer l'expropriation, même pour cause d'utilité publique, qu'en donnant une juste indemnité.

La magistrature ne parla presque jamais des libertés politiques de la nation, et ne réclama qu'aux derniers jours la convocation des états-généraux ; mais elle défendit toujours et sans se lasser la liberté individuelle. Elle ne cessa de protester contre les arrestations arbitraires et contre les jugements par commissions. En présence de Richelieu lui-même, en 1631, elle refusa d'enregistrer des lettres royales qui déclaraient coupable de lèse-majesté un homme « qui n'avait pas été entendu en justice. » La fronde, qui fut pour quelques grands seigneurs un jeu d'enfants ou une indigne spéculation, fut pour la magistrature un effort sérieux et loyal. Si le parlemente Paris y montra peu de sens politique, il y fit preuve au moins d'une intelligence assez nette des libertés et des droits des populations ; c'est dans les propositions de la chambre de Saint-Louis (juin 1648) qu'il faut chercher sa vraie pensée : il y demande que l'état paie les rentes de ses créanciers et les traitements de ses fonctionnaires, que les impôts soient examinés et librement votés par le parlement, que l'on renonce aux lettres de cachet et aux tribunaux exceptionnels, qu'enfin personne ne puisse être détenu plus de vingt-quatre heures sans être interrogé par un magistrat. Quelques autres propositions, comme celle qui tendait à supprimer les intendants, pouvaient paraître excessives. En général ces vœux du parlement n'attaquaient en aucune façon le principe monarchique, et n'allaient qu'à protéger les sujets contre les excès bien constatés du pouvoir : c'était la charte, d'ailleurs bien timide, des libertés individuelles. Il n'y avait alors en France que le corps judiciaire qui eût à la fois la pensée et la force de soutenir les droits des hommes contre l'énorme puissance du souverain. Il est impossible de calculer jusqu'à quel degré la France serait tombée dans le despotisme, et jusqu'à quel point les sujets auraient été à la merci des rois, des ministres, des favoris, des fonctionnaires, des moindres agents, s'il ne s'était trouvé un corps judiciaire parfaitement indépendant et mêlé à la vie politique.

Il y avait là, ce semble, tous les germes d'une constitution qui eût pu suffire longtemps à la France. La puissance aurait été partagée inégalement entre la royauté, qui aurait eu l'action, et la magistrature, qui aurait eu le contrôle ; les lois auraient été discutées et promulguées régulièrement. On aurait encore eu la monarchie, on n'aurait pas eu l'arbitraire. L'autorité royale aurait eu en face d'elle non pas un corps révolutionnaire, mais un corps conservateur qui l'eût soutenue en même temps que contenue. La société française, dans laquelle, en dépit de secousses funestes, le besoin d'ordre et de permanence prévalait toujours, et qui n'avait alors aucun goût pour les institutions représentatives, se serait peut-être contentée longtemps de cette monarchie tempérée par le corps judiciaire.

On devine aisément les raisons qui ont empêché ce régime de fonctionner régulièrement et de devenir la constitution de la France. Nous voyons aujourd'hui combien, dans les monarchies constitutionnelles, l'accord est facilement rompu entre le pouvoir représentatif et le gouvernement ; les mêmes conflits ne pouvaient manquer d'éclater entre la royauté et la magistrature. Les rois, devant qui tout pliait, s'étonnaient de cet unique obstacle qui se présentait devant eux. Ils auraient mieux compris la résistance de la noblesse ou celle d'un corps aussi puissant que l'église ; celle de ces juges, qui après tout tenaient d'eux leur autorité et leur existence, leur semblait plus humiliante que redoutable. Il était trop tentant et trop facile de renverser ce faible obstacle. Pour que cette pondération délicate entre l'autorité judiciaire et l'autorité royale pût s'établir et durer, il eût fallu une grande sagesse et un parfait désintéressement chez les rois ; mais cela n'est guère dans la nature. Les pouvoirs humains, quel que soit leur nom, qu'ils soient monarchiques ou républicains, ne se soumettent qu'aux forces qui s'imposent.

Les rois, à mesure qu'ils devinrent plus absolus, travaillèrent à enlever au corps judiciaire cette autorité qui les blessait. Louis XIII fit savoir aux parlements qu'il leur interdisait de s'occuper des affaires de l'état, et qu'ils n'auraient dorénavant qu'à juger les procès. Lorsque Richelieu créa les « intendants de justice, police et finance, » ce fut moins pour affaiblir l'autorité des gouverneurs que pour surveiller et amoindrir les parlements, qui depuis cinquante ans étaient devenus les maîtres des provinces. Pendant la minorité de Louis XIV, le corps judiciaire essaya une révolution ; mais la force matérielle lui manquait : il ne pouvait la trouver qu'en recourant à la noblesse ou à la démagogie, c'est-à-dire aux deux partis qu'il détestait le plus. Il ne tarda point à se rallier à la royauté, et son effort de résistance fut bien vite suivi d'un dévoûment sans mesure. Il y avait dans le corps judiciaire cette singulière contradiction, qu'il ne pouvait ni s'accommoder de la monarchie absolue, ni se passer d'elle. Nous ne raconterons pas les grandes luttes qu'il soutint au XVIIIe siècle pour limiter le pouvoir royal et l'affermir en même temps. Quelques historiens attribuent ces efforts à un intérêt de caste ; ils ne voient pas assez que cette magistrature se souvenait qu'elle avait été en possession du droit d'intervenir dans les affaires publiques, et qu'il n'y avait qu'elle en France qui eût ce droit. La grande question qui se posait à la génération qui précédait 1789 fut celle-ci : la France serait-elle régie par une monarchie sans limite ou par une monarchie contrôlée par un corps judiciaire indépendant ? Mais en même temps d'autres idées germaient peu à peu dans les esprits, et il vint un jour où la royauté et l'opinion publique se trouvèrent d'accord pour repousser cette ingérence du corps judiciaire et se jeter ensemble dans une autre voie, qui était celle de la révolution.

Ce fut la révolution française qui renversa pour toujours cette magistrature. Non-seulement elle abolit l'hérédité des charges et tout ce qui faisait d'elle une corporation aristocratique ; elle lui enleva aussi le droit d'enregistrement, le droit de remontrances, le droit de contrôler les lois, en un mot tout ce qui faisait d'elle un corps mêlé à la politique générale du pays. Les gouvernements libéraux ou républicains qui ont succédé à la monarchie absolue lui ont ressemblé en ce point, qu'ils n'ont pas voulu être gênés dans leur action par l'autorité indépendante du corps judiciaire. Il a été de règle désormais que la magistrature n'eût plus d'autre attribution que celle de juger les procès, et qu'elle ne fût armée d'aucun droit vis-à-vis du gouvernement.

Peut-être échappa-t-il aux hommes de 1789 que le corps judiciaire pût exercer une action utile sur la vie politique d'un pays. Ils ne pensèrent peut-être pas qu'une série de soubresauts et de révolutions allaient agiter la société française, et que la magistrature pouvait être une garantie de stabilité. Ils ne pensèrent pas que des dictatures de toute sorte allaient s'établir, et qu'une magistrature indépendante pouvait être la sauvegarde de la liberté. Ils ne pensèrent pas que des régimes fort divers allaient s'essayer en France, et qu'un corps judiciaire permanent et fortement constitué était le meilleur obstacle aux essais dangereux et aux utopies coûteuses. Les esprits sensés de l'assemblée constituante savaient bien qu'il fallait qu'il y eût quelque part un droit de *veto* à opposer aux caprices des assemblées politiques ; mais ils donnèrent ce droit de *veto* au roi, dans les mains duquel il n'était qu'un vain mot : c'était à une magistrature puissante qu'il fallait le confier.

Toutes les raisons qui faisaient que le contrôle du corps judiciaire était utile sous la monarchie le rendent plus utile encore dans un régime où les assemblées gouvernent. L'ancienne magistrature luttait de son mieux contre les excès de pouvoir de la royauté absolue ; les excès de pouvoir ne sont pas moins à craindre de la part des assemblées, car la modération et la sagesse ne leur sont pas plus faciles qu'à un souverain. Elles sont volontiers autoritaires, et la liberté a pu regretter plus d'une fois depuis quatre-vingts ans de n'avoir pas un asile assuré contre elles. Plus les pouvoirs publics sont instables, plus l'action conservatrice de la magistrature est nécessaire. Il ne faut pas que les législations s'altèrent et se transforment suivant les caprices ou les intérêts d'un jour ; si le corps politique fait une loi qui soit en contradiction avec l'ensemble des lois existantes, il est bon que le corps judiciaire puisse opposer son *veto*. C'est ce qu'on voit aux États-Unis, et c'est peut-être aussi pour cette raison que la grande république peut se tenir debout au milieu des orages ; dans ce pays, tout peut être mis en question, et tout peut être ballotté et englouti, excepté la magistrature et le droit. Il y a une grande imprudence à remettre aux seules assemblées politiques le pouvoir de faire les lois : il ne faut pas confier à ce qui change presque chaque année ce qui ne doit se modifier que lentement. Une société qui est à la merci d'une assemblée politique est à la merci d'un parti ; il faut qu'elle ait au moins une institution de sauvegarde. Il se peut qu'un corps politique se laisse aller à de terribles audaces ; il y a des choses qu'il faut mettre hors de son atteinte. Tout est à prévoir, car tout est possible. Si le corps politique prétendait quelque jour supprimer la religion, ou s'il voulait au contraire imposer la foi, il serait bon alors qu'un autre corps aussi puissant que lui et aussi respecté vînt lui rappeler les droits de l'inviolable conscience et la liberté de l'esprit. S'il était tenté quelque jour de briser ou d'amoindrir le droit de propriété, il serait bon alors que le corps judiciaire pût dire comme nos anciens parlements : « Nous n'enregistrerons pas la nouvelle loi, et nos libres tribunaux jugeront comme si elle n'existait pas. »

www.ingramcontent.com/pod-product-compliance
Lightning Source LLC
Chambersburg PA
CBHW060357050426
42449CB00009B/1770